Holger Lucassen • Vom Erwachen bis zum Gehen

Holger Lucassen

Vom Erwachen
bis zum Gehen

Gedichte und Kurzgeschichten

Bibliographische Information Der Deutschen Bibliothek: Die Deutsche Bibliothek verzeichnet diese Publikation in der Deutschen Nationalbibliographie detaillierte bibliographische Daten sind im Internet über http://dnb.ddb.de abrufbar

Lucassen, Holger:
Vom Erwachen bis zum Gehen
Gedichte und Kurzgeschichten
ISBN 3-8334-2421-4
© 2005 Holger Lucassen

Herstellung und Verlag: Books on Demand GmbH, Norderstedt
Titel- und Buchgestaltung: »zum_andenken«,
Grafik- und Ideenagentur, Kiel (zum_andenken@gmx.net)
Fotos: Jens Henkenius, Kiel (www.henkenius.de)

ISBN 3-8334-2421-4

Erwachen
(Oktober 1999 – März 2000)

Aufbruch
(März 2000 – Juli 2002)

Inhalt

Gehen
(August 2002 - Dezember 2003)

Heimat
(Gedichte einer Reise)

Danke!

Gefangen im eigenen Ego
und Weisheiten, die nicht Deine waren.
Du hattest den Mut, Dich Deiner vergessenen Fesseln
zu stellen und sie zu sprengen.
Es ist nicht einfach gewesen,
hat Tränen, Trauer gebracht
und alte Freunde und Gewohnheiten gehen lassen.
Dafür hast Du Freiheit, Freude an allem Neuen
und Dich selbst gefunden.
Ich freue mich, Dich ein Stück
auf Deinen Weg begleitet zu haben.

Ich wünsche Dir viel Glück
                                    Franziska

Erwachen

Oktober 1999 - März 2000

Das Gefühlsgefängnis
- Die Geschichte einer Illusion -

An einem schönen Frühlingsabend, die Pflanzen beginnen gerade ihre Blätter und Blüten den immer wärmer werdenden Strahlen der Sonne entgegenzustrecken, mache ich mich auf den Weg, eine gute, alte Freundin zu besuchen. Die Unzufriedenheit über meine Arbeit, die mal stärker und mal weniger stark an meiner Seele nagt, verblasst bei dem Anblick der aus dem Winterschlaf erwachenden Natur. Dieses immer wiederkehrende Schauspiel nimmt mir jedes Jahr ein wenig Last von meinem Herzen, befreien jedoch kann es mich nicht. Ich erfreue mich an den Farben der zarten Blüten der Blumen und den keimenden Knospen der Pflanzen, die ein schwaches Licht in meine triste Welt werfen. Das reine Weiß des Winters geht und macht Platz für das Grün des entstehenden Lebens um mich herum. Der Geruch der frischen Erde und die lieblichen Düfte der jungen Blüten ziehen in meine Nase, der immer wiederkehrende Duft eines neuen Erwachens liegt über der Welt. Für einen Moment scheint alles vollkommen, ein unbeschreibliches Gefühl der Zufriedenheit und Zuversicht sucht sich einen verborgenen Winkel in der Dunkelheit meines Daseins. Eine Saat, die an irgendeinem Tag mit seiner ganzen Kraft zu keimen beginnt, um unvermittelt hervorzubrechen und die trostlose, ausgetrocknete Wüste meiner Seele mit neuem Leben zu überschwemmen. Ein tröstlicher Gedanke, der mich am Leben hält, mir aber im gleichen Moment einmal wieder das ganze Dilemma meines Seins vor Augen führt. Was ist nur schiefgegangen, das mich davon abhält, dieses Leben in vollen Zügen zu genießen und alles was mir wiederfährt aufzusaugen, wie ein ausgetrockneter Schwamm? Was fehlt mir zum Glücklichsein? Auch wenn ein neuer Frühling mich für einen Moment diese leidige Frage vergessen lässt und ich in einer kurzen Zeit der Ruhe das Spiel der Natur und des Lebens genießen kann, so bin ich dennoch nicht geheilt. Es ist nur eine Frage der Zeit, wann die Trostlosigkeit und die Verlassenheit meines Seins wieder Einzug in mein Leben hält. Dennoch bin ich dankbar für jeden Moment des scheinbaren

»

Glücks, das mir die Hoffnung gibt, irgendeines schönen Tages aufzubrechen, damit ich mein Gefängnis verlassen kann. Um gleichsam wie ein Vogel meine Schwingen auszubreiten und im Spiel mit dem Wind zu entfliehen. Die Möglichkeit, neue Horizonte zu erreichen, zu wachsen und aufzusteigen wie Phönix aus der Asche, um eine völlig andere Ebene meines Seins zu erreichen. Wo aber fange ich an, diesen Kreis zu durchbrechen, und vor allem wie? Was hält mich zurück? Wer hält mich zurück? Bin es letzten Endes ich, der die Verwandlung zurückhält? All diese Fragen erzeugen Angst in mir. Kann es wirklich sein, dass ich den Schlüssel zu meinem Gefängnis schon immer mit mir herumgeschleppt habe, aber aus irgendeinem Grund zu feige bin, ihn zu benutzen, um diesen Fragen zu entkommen? Was wird geschehen, wenn ich in einem kurzen Moment des Mutes den Schlüssel in das Loch stecke und die Tür aufstoße? Wird es wirklich besser sein, als das was ich schon kenne? Beginnt man erst einmal zu fragen, lauert hinter jeder Frage die Nächste, aber eine Antwort wird man in der ewigen Fragerei nicht finden. Die einzige Alternative scheint mir in der Handlung zu liegen. Ich stelle mir vor, dass es so ist, als wenn man als Kind an einem See steht und einfach von dem Bedürfnis zu schwimmen getrieben sich seiner Sachen entledigt und mit einem Satz ins kalte Wasser springt, ohne zu fragen was passiert. Zuerst wird man einen leichten Schreck bekommen, da das Wasser überraschend kalt ist, aber im gleichen Moment beginnt man zu schwimmen und das Bedürfnis ist gestillt. Durch die Bewegung wird es schnell wärmer und man genießt, wie das Wasser den nackten Körper umspült, wie es der Haut schmeichelt und wie es sich an einen schmiegt. Schwerelos und mit Leichtigkeit treibt man durch das kühle Nass. Es ist eine Wohltat für alle Sinne, hat man erst einmal den Sprung gewagt.

∞

019

Die Mauer

- Brief an die Eltern -

Nun sitzt der Gefangene in seinem Gefängnis, dessen Mauern bis in unüberwindliche Höhen ragen. Diese Mauern ohne Fenster und ohne Türen, die es dem Gefangenen ermöglichen würden eine Hoffnung zu spüren. Diese Mauern sollen nun von dem Mutvollen, Erwachenden überwunden werden. Niemand kann ihm dabei helfen, die Steine seines Verstandes abzutragen. Er ist jetzt selber an der Reihe, die Mauern der ihm als Kinde anerzogenen Werte und unterdrückten Gefühle einzureißen. Wenn er Glück hat, nähert sich ihm ein freier Mensch, der ihm durch die Mauern Mut zuspricht und Verständnis zeigt für die missliche Lage. Ein freier Mensch kann den Gefangenen sehen, wie er eingekerkert in der Enge seines eigenen Verstandes lebt. Doch auch die Gefangenen können sich durch die Mauern ihres Selbst unterhalten, nur bringt es keinem von ihnen etwas, denn was kann ein Gefangener schon sehen als die Innenseite seines eigenen Kerkers. Wie könnte er einem Anderen Rat geben, hat er sein eigenes Schicksal doch noch nicht einmal erkannt. Hab Mut und überwinde die Zwänge, die anerzogenen Werte Deiner gefangenen Eltern, die Dir aus ihrem Gefängnis heraus Deines gebaut haben. Eltern sind nicht edler als all die anderen Gesetzlosen, die Bedürfnisse und Gefühle eines jeden verachten, sogar die Eigenen. Jetzt wird es Zeit, meine Mauern wackeln, ab und zu fällt ein Stein, bald bin ich rein.

∞

Der Richter

Eine Schwere liegt auf meinem Herzen.
Eine Schwere das zu sagen,
was gesagt werden muss.
Meinem Unglück Luft zu machen,
gegenüber den Menschen,
die sich meine Eltern nennen.
Es ist eine schwere Bürde
den Kreis zu durchbrechen,
der sich über Generationen fortgesetzt hat
und an dieser Stelle zerschlagen werden soll.
Unwissenheit schützt vor Strafe nicht,
doch bin nicht ich ihr Richter.
Ich bin mein Richter
und entscheidet sich der Richter,
trifft es den zu Richtenden,
der die Folgen der Entscheidungen zu tragen hat.
Es sei dabei aber zu bedenken,
dass Richter und zu Richtender
ein und derselbe sind.

∞

Das Puzzle

Der Gefangene betrachtet die Mauern um ihn herum. Er beginnt sich zu fragen, woraus diese Mauern bestehen. In erster Linie sieht er Steine, viele Steine, die durch eine schmale Fuge miteinander verbunden sind. Was würde wohl geschehen, wenn es ihm gelänge irgendeinen Stein aus der Mauer zu lösen und ihn herauszunehmen. Der Gefangene würde durch ein Loch sehen. Dieses Loch würde ihm einen kleinen Ausschnitt in eine bis dahin verborgene Welt freigeben. Diese Welt ist sein Ziel. Er beginnt jetzt langsam Stein für Stein das Puzzle zu lösen, aber nicht indem er immer mehr Teile hinzufügt, sondern indem er immer ein Teil mehr hinwegnimmt. Bis zu einem Punkt, an dem immer größere Teile von alleine in sich zusammenfallen. Die ersten Steine sind gleichsam wie bei einem Puzzle die Schwersten. Angenommen das jeder Stein ein verstandesmäßiges Konstrukt darstellt, jeder Stein also ein Gedankengang ist, der es dem Gefangenen anscheinend unmöglich macht eine Handlung zu tätigen aus Sorge und Angst vor dem was geschehen mag. Hat der Gefangene nun einmal Mut gefunden, wird er seine Sorgen und Ängste durch eine Handlung ersetzten. Hat er keinen Mut wird es ihm nie vergönnt sein zu sehen, was jenseits der Mauern liegt. Dummerweise haben wir nicht nur vergessen was hinter den Mauern liegt, sondern auch wer der Erbauer der Mauern war. Also lasst uns erschlagen die Mauer und nicht die Mauer den Erbauer.

∞

Erwachen

Zorn und Wut

Zorn und Wut schlummert in mir, wie eine Glut.
Eine Glut, die nur zu gern gefüttert werden will,
um hervorzubrechen wie ein zerstörerisches Feuer.
Dieses Feuer unkontrolliert und verletzend,
aber auch reinigend und befriedigend.
Ein Feuer dessen Zorn und Wut
sich richtet gegen all jene,
die das Feuer unterdrückten,
aber auch gegen jene,
die neue Nahrung in die Glut warfen,
um das Feuer anzufachen.
Ja, füttert nur das Feuer
damit ich Euch verletzen kann,
gebt mir einen Anlass,
ich werde ihn nutzen
um unkontrolliert zu lodern und zu brennen;
auf das ihr Euch verbrennet.

∞

Einsturz

Die Erde sich rüttelt,
die Mauer sich schüttelt,
sie stürzt ein,
zu einem Haufen Stein.
Der Gefangene nimmt einen Stein in die Hand,
da zerrinnt der Verstand zu feinem Sand.

∞

Erwachen

Der Fluss

Aus dem Schoß der Erde entspringt eine Quelle,
wie Engelsgesang aus einer fernen Zitadelle
klingt das Plätschern des Wassers so angenehm fein,
der Anfang des Lebens ist so wunderbar rein.
Es geschieht ganz heimlich, wie über Nacht
das kleine Rinnsal schwillt an, es gewinnt an Macht.
So wird aus den feinen Tönen ein kleiner Bach,
der in der Morgendämmerung zum Leben erwacht.
Die ersten Turbulenzen sich kündigen an,
der kleine Bach wächst immer weiter heran;
die Geschwindigkeit steigt, das Wasser pulsiert
als es die ersten Felsen passiert;
Die Oberfläche geschmückt mit weißen Kronen,
es kommt zu einer Vermischung verschiedenster Zonen.
Des Baches Stimme gewinnt weiter an Kraft;
Psst, mir war so als hätt jemand leise gelacht.
Im unendlichen Meer wo Millionen von Stimmen
Ein einziges, vollendetes Halleluja singen.

∞

Träume

Träume gehören zum Leben,
in ihnen für einen Moment schweben;
in der Schwerelosigkeit die Zeit vertreibt,
eine Leichtigkeit verbleibt.
Doch wenn der Traum Besitz ergreift,
weil er zu lange gereift,
dann schwindet der Raum
empor steigt ein Albtraum.

∞

Erwachen

Sorry

Wollte Dich sehen,
blieb aber stehen.
Du bist verletzt,
hab Dich versetzt.
Nur für Dich einen Reim;
Du wirst mir verzeihen?
Mit Dir ein wenig träumen,
ein bisschen die Zeit versäumen.
Viele lustige Sachen,
mit Dir kann ich lachen.
Bin sehr verschlossen,
Dich hab ich in mein Herz geschlossen.

∞

Erwachen

Kleine Gedichte
sind meine Berichte
aus einer anderen Welt
die mir gefällt.
Sie kommen tief aus mir
und finden zu Dir.
Will Dich berühren
mit Worten verführen.
Bitte finde mich,
denn ich liebe Dich.
Finde zu mir,
der Weg zu Dir.
Bin schon zu lange allein,
seit Jahren zu klein.
Bin am Wachsen,
um bald zu erwachen.
Das Leben ist zu schön,
um daran vorüber zu gehen.

∞

Leben oder Qual

Der Engel hier und da den Finger hob
und mich in die richtige Richtung schob;
Er sprach zu mir:
„Du hast die Wahl,
willst Du Leben oder dauernde Qual?"
Die Qual natürlich wollt ich nicht
und langsam kam das Gleichgewicht.
Viel Kummer und Trauer auf dem Weg zum Leben lag,
aber selbst diese Gefühle ich heute sehr mag.
So sich das Leben eines jeden werde lichte
und vielleicht schreibst Du bald solche Gedichte.

∞

Liebe

Das Leben ist vergänglich,
doch was eine Ewigkeit hält,
ist die Liebe, die für einen Augenblick
das ganze irdische Dasein erhellt.

∞

Erwachen

König

Vor vielen Jahren ward er geboren,
zu einem König ist er auserkoren.
Er ist bestrebt herauszufinden, wer er ist,
wie weit er gekommen ist; ich weiß es nicht.
Das Malen einst war seine große Leidenschaft,
durch sie er hat erfahren, dass er lebt in Gefangenschaft.
Seine Bemühungen in diesem Leben,
sie werden sicherlich belohnt.
Ich wünsche ihm von Herzen,
dass er bald in seiner Mitte thront.

∞

Als die Wand verschwand

Jemand sprach: „Es werde Licht!"
Doch irgendwas nahm mir die Sicht.
Im Schatten hinter einer Wand ich stand,
in dem Schatten auch das Licht verschwand.
Ein Schritt nach rechts,
ein Schritt nach links,
das Licht jedoch erreicht ich nicht.
Da entstand in mir die Frage:
„Woraus verdammt, besteht nur diese blöde Wand?"
Eine Stimme aus dem Licht erläutert mir die Lage:
„Die blöde Wand ist einzig Dein Verstand!"
Und noch einmal: „Es werde Licht!"
Diesmal hatt ich volle Sicht.
In gleißendem Lichtenschein ich stand,
kein Schatten in dem das Licht verschwand.
Ein Schritt nach rechts,
ein Schritt nach links,
immer erreichte ich das Licht.
Diesmal hatte ich's erkannt,
die blöde Wand war tatsächlich mein Verstand.

∞

Erwachen

Warum

An einem Winterabend hab ich Dich besucht,
es scheint wir haben beide was gesucht.
Wir unterhielten uns die ganze Nacht.
Wohin hat uns das gebracht?
Schnell verrann die Zeit,
wir entdeckten so manche Gemeinsamkeit.
Deine Gefühle ich konnte sie nicht sehen
und so musste ich zum Morgen hin gehen.
Genommen in meine Arme hätt ich Dich gerne,
doch griff ich dabei in die Leere.
Warum in aller Welt
hast Du mich nur herbestellt?
Eine Antwort darauf bringt vielleicht dies Gedicht,
aber Liebe ist es wohl nicht.

∞

Gedichte

Schreiben, schreiben, Gedichte schreiben
Worte an der Oberfläche reiben,
oftmals sie auch tiefer treiben,
wo sie dann als Saat verbleiben.
Eines Tages dann die Saat aufgeht,
weil man nun das Wort versteht;
innerlich Blockaden beben,
da Gedichte erwecken was zum Leben.
Nichts hat wirklich viel Gewicht,
es sei denn es führt uns in das Licht.
Was Du durch das Leben suchst; Du weißt es nicht?
Dann lies noch einmal dies Gedicht.

∞

Erwachen

Der Löwe

Im Gewand einer Möwe
entwickelt sich ein Löwe.
Die Möwe fliegt übern Ostseestrand.
Gehört ein Löwe nicht an Land?
Der Löwe ist ein königlich Tier,
aber fliegen wird er nun nicht mehr.
Regieren wird er nun sein Reich,
allem entfliehen war doch viel zu leicht.
Diese besondere Aufgabe wurde ihm geschenkt,
damit er irdische Geschicke lenkt.
Wachsen wird nun das königliche Tier;
Vollendung finden wird er hier.
Langsam dessen wird er sich bewusst.
Hat er es nicht schon lange gewusst?
Die große Prüfung steht ihm nun bevor,
danach wird er schreiten durch das Tor.
In das bewusste Land,
das man auch Nirvana nannt.
Nun wird der Löwe gehen,
um seine letzte Prüfung zu bestehen.
Der Löwe wird die anderen Möwen wiedersehen,
nur diesen Weg muss er alleine gehen.
Nicht traurig sein er kommt zurück,
um zu bringen Liebe, Licht und Glück.

Auf Wiedersehen

An einem Neujahrsmorgen musste ich gehen.
Sagte nur kurz: „Auf Wiedersehen!"
Hoffentlich wurd es verstanden,
der Weg führt mich in andere Landen.
Wünsche allen: „Alles Gute!",
aber dies ist nicht meine Route.
Behaltet mich in Erinnerung,
doch ich geh aus gutem Grund.
Es fällt mir wirklich nicht leicht,
aber ich habe einen Punkt erreicht;
an dem ich habe keine Wahl,
sonst wird mein Leben noch zur Qual.
Wünsche Euch allen:" Viel Liebe und Licht!"
Auf dem Weg zu Eurem Gleichgewicht.

∞

Erwachen

Der Wandersmann

Für den alten Wandersmann,
der sich auf die Einfachheit besann.
Auf seiner langen Reise
muss er niemandem etwas beweisen.
Oh, Du alter Wandersmann gib uns einen Wink,
damit wir sehen was uns verloren ging.
Möge Deine Reise lange weitergehen,
damit alle Menschen ihre Seele sehen.
Jeder Tag mit Freude beginnt,
hat man sich erst einmal besinnt.
Das was im Leben wirklich wichtig ist,
ist das, was man nur zu schnell vergisst.

∞

Abschied

Nun ist es soweit,
auch die letzte Brücke ist entzweit.
An verschiedenen Ufern wir uns gegenüberstehen,
aus meinen tränenden Augen kann ich Dich sehen.
Worte über den Fluss an meine Ohren dringen,
die flehend versuchen mich umzustimmen,
eine neue Brücke aufzubauen,
doch will ich nun nach vorne schauen.
Will an neue Ufer jetzt gelangen,
bin seit kurzem nicht mehr gefangen.
Zwischen uns liegt jetzt der Fluss,
über den man nun mal rüber muss,
möchte man die Wege gehen,
die einem jeden offen stehen.
Eine neue Brücke, ich werde sie nicht bauen,
nun musst Du für Dich alleine schauen.
Hat man erst den Ruf vernommen
wird ein jeder drüberkommen.
Diese letzte Brücke uns eine Zeitlang noch verband,
bis auch sie im Fluss verschwand.
Sie war klein und wacklig, ich geb es zu;
häufig schautest du mir zu,
wie ich über sie zu Dir gelangte,
obwohl sie häufig mehrmals wankte.
Auf meiner Seite ich nun steh,
zum Abschied ich Dich noch mal seh,
dreh mich um und geh.

∞

Erwachen

Drogen

Fast alle Drogen hab ich ausprobiert,
sogar Heroin nahm ich zu mir.
Drei-, viermal hab ich's geraucht,
doch Tranquilizer ich nicht brauch.

Total bekokst in Südamerika,
guter Stoff, ich war der Star.
Eine Line jagte die Andere,
bis ich mich selbst nicht mehr erkannte.

Um der Realität noch weiter zu entfliehen,
fing ich an, mir Halluzinogene reinzuziehen.
Auf LSD hab ich mich aufgelöst,
                    hab meinen Körper verlassen;
hatte bloß Probleme, mich wieder einzufassen,
in die Realität der Körperlichkeit.
Dies ist nicht der Weg zur Seligkeit.

Natürlich probierte ich auch Alkohol,
das macht kolossal die Birne hohl.
Gesoffen wird, um zu vergessen;
Eine Zeitlang war ich darauf sehr versessen.

Nun kommen wir zur Kifferzeit,
an die erinnere ich mich mit Heiterkeit.
Schön bekifft durch Leben gehen,
aber erst jetzt kann ich verstehen;
das auch nur diese Droge existiert,
damit man sich in ihr verliert.

»

Es gibt noch viele andere Süchte,
aber hier kenn ich nur Gerüchte.
Solche die sich nennen Magersucht
oder jemand sein Heil im Fressen-Kotzen sucht.

Auch Zigaretten sind es nicht,
zulange hat ich diese im Gesicht.
Allen möchte ich geben dies Gedicht,
damit ein jeder sieht das eigene Licht.

Ich kann wirklich aus Erfahrung sprechen,
Drogen sind alles seelische Gebrechen.
Alle Menschen etwas in sich haben,
das sie können nur schwer ertragen.

Wenn ihr innere Ruhe finden wollt
und die Dunkelheit verwandeln in Gold,
dann geht den Weg er ist nicht leicht,
aber habt ihr's erst erreicht,
so werdet ihr belohnt mit Klarheit, Freiheit, Einigkeit.

∞

Erwachen

Sucht

Suche in der Sucht.
Sucht ist Flucht.
Fluche und suche.
Suche macht süchtig.
Süchtiger ist Suchender.
Weiß nicht was er sucht.
Es entsteht Sucht,
es ist Flucht.
Suche Ausweg aus der Sucht,
Ende der Flucht,
Ende der Suche,
nicht suchen.
Keine Sucht.
Keine Flucht.
Erlösung!

∞

Ein kleiner Schritt

Engelscharen jubilieren überall.
Welch wunderbaren Hall
hab ich vernommen,
als erstmals durch das Tor gekommen.
Welch ein Reich erschließt sich mir;
Glückseligkeit erleb ich hier.
In das Reich der Liebe schreiten,
ein jeder kann herüber gleiten.
Es ist wirklich nur ein kleiner Schritt,
in das unbeschreiblich Glück.
Hmm, es ist doch wunderbar,
hört man erst die Engelsschar.
Kommt herüber, hier ist meine Hand,
ich nehm Euch mit ins Zauberland.
Endlich hab ich meine Ruh gefunden,
für die ich mich hab solang geschunden.
Es gibt wirklich keinen Trick,
nur ein kleiner Schritt
in das unbeschreiblich Glück.

∞

Erwachen

Wiedersehen

Zurück aus dem Elfenland.
Endlich in der Heimat angelangt.
Milian hat mich begrüßt
und dabei geküsst.
Sie ist wunderbar
mit ihrem langem goldenen Haar.
Die kleinen Elfenflügel so fein,
die ganze Welt so herrlich rein.
Alle kamen zu dem Wiedersehen;
Kobolde, Elfen, der Zaubermeister und die Feen.
Wie in alten Zeiten sollt ich singen,
weil einst die Elfen brachten meine Stimm zum klingen.
Alle diese Wesen lieben schöne Melodien,
ganz besonders bei 'nem Wiedersehen.
Die Freude überströmt all meine Sinne,
mit alter, neuer Stimme.

∞

Oh, verlogen

Oh, ist das genial,
aber eigentlich doch sehr banal.
Oh, das ist voll geil,
bei Adolf sagten sie: „Sieg heil".
Oh, ich liebe Dich,
doch beherrsch ich meine Triebe nicht.
Oh, ist die nicht nett?
Wär doch was fürs Bett.
Oh, ist das Brutal,
wie wär's denn mit anal?
Oh, ist der Regen nass,
weil ich doch mein Leben Hass.
Oh, sieh der Regenbogen,
der letzte Satz ist nicht verlogen.

∞

Erwachen

Der weiße Pulli

Gestern wurde der schwarze Pulli noch getragen.
In meinem Kopf, da waren viele Fragen.
Heute Morgen dann,
zog ich schnell den Weißen an.
Es wird nicht mehr gefragt,
handeln ist jetzt angesagt.
Schnell ein paar Bewerbungen geschrieben,
wo ist nur die Kündigung geblieben.
Ah, das tut so richtig gut,
hat man zum Handeln erst den Mut.
Scheißegal was morgen ist,
Hauptsache man ist der, der man eben ist.
Jetzt kann ich wieder in den Spiegel gucken,
los wir gehen jetzt zum Mucken.
Danach irgendwann
sind die kleinen Gedichte dran.
Warum meine Energie in eine Arbeit lenken,
bei der ich mich ewig muss verrenken.
Brauche nicht mehr nachzudenken,
kann ich doch Gedichte schenken.
Das ist es also, was ich kann,
dann mach ich mich mal an die Arbeit rann.
Schreibt der Dichter ein Gedicht,
geht ihm selber auf ein Licht.
So soll es dann auch erst mal bleiben,
nicht jeder kann Gedichte schreiben.

Zeit des Erwachens

Langsam erwache ich aus meinem Traum. Ich habe lange geschlafen. Die Sonne scheint jetzt durch das Fenster auf mein Bett. Es ist eine wohlige Wärme die mich durchströmt, als die Sonnenstrahlen meinen Körper treffen. Ich reibe meine verschlafenen Augen und strecke meinen Körper. Langsam kehrt Leben in meine steifen Glieder und das warme Licht des anbrechenden Tages tut sein übriges. Draußen singen die Vögel eine wunderschöne Melodie. Ich höre ihnen zu, wie sie in einem mehrstimmigen Chor mein Erwachen besingen. Die Melodie der Vögel, die sich vereint mit der altehrwürdigen Stimme des Windes, der mit seinem Gesang von fernen Ländern und schon längst vergangenen Zeiten das Ganze allmählich zu etwas Größerem erhebt. Ganz leise kann ich das Gemurmel eines nahen Baches erkennen, der seine zarten Töne in diese Symphonie einbringt. Das Rauschen der Blätter in den großen Birken vor dem Haus, wie sie sich in der leichten Sommerbrise wiegen, gleichsam eines feinchoreographierten Balletts. Ich erkenne immer mehr Töne, die sich zu einem orchestralen Gebilde vereinen. Ich genieße mein Erwachen und bin beinahe berauscht von dem, was ich allein in diesem Moment erlebe. Ich bin wach. Allmählich kommen Bruchstücke meiner Träume zurück; wirre Fetzen, die auf den ersten Blick keinen Sinn ergeben. Es sind Bilder voller Angst, Verzweiflung und Leid, aber auch voll Schönheit und Anmut. Welch eine atemberaubende Symbolik liegt in diesen Szenen, die oftmals so unwirklich erscheinen als seien es Begebenheiten eines anderen Lebens. Der Traum vom Leben ist jetzt vorbei, ich bin erwacht. Die Klarheit der Sonne mit ihrem gleißenden Licht erleuchtete den Traum und mein Sein. Ich lebe und genieße die Zeit des Erwachens.

∞

Der Sumpfschlumpf

Lachen kommt aus dem Erwachen.
Als Diebe verteilen wir Hiebe.
Urschleim ist unser Keim.
Überm Gesicht einen Strumpf,
heraus aus dem Sumpf,
wie ein Schlumpf.

Wir machen und dabei entfachen die Triebe,
bis hin zum Erleben der Liebe.
Dem Reim gehen wir auf dem Leim.
Überm Gesicht keinen Strumpf,
heraus aus dem Sumpf,
kommt ein Schlumpf.

∞

Die Lüge

Leise beginnt die Reise.
Der Baum erblüht,
er bildet aus seine Triebe.
War alles Lüge?
Leise wird er weise.
Der Stern erglüht,
er erstrahlt aus tiefer Liebe.
Es war alles Lüge!
Die Reise macht rein.
Durch sie wachsen wir.
Die Bäume eröffnen Räume.
Verlassen wir die Lüge?
Der Weise wird Sein.
So erwachen wir.
Unsere Träume eröffnen Räume.
Wir verlassen die Lüge!

∞

Erwachen

Das Tuch

Ein Tuch wird auf der Straße
vom Wind hin und her getrieben.
Das Tuch selbst hat kein Ziel und doch,
im Zusammenspiel mit dem Wind
erreicht es die unterschiedlichsten Orte.
Es erfüllt seinen Zweck.
Es ist das Spiel des vollkommenen Seins,
des Spiels von Materie und dem nicht Greifbarem.
Das Tuch kennt die Orte nicht an die es gelangen wird,
aber es vertraut.
Es vertraut einer unsichtbaren Kraft,
die es vorantreibt.
Immer am Ziel,
ohne zu wissen an welchem Ort.
Immer am Wirken,
ohne sich einer Wirkung bewusst zu sein.
Immer zu Sein,
ohne es zu wissen.

∞

Er selbst erkennt

Finde Dich selbst,
an wen richtet sich die Frage,
wer ist in der Lage
etwas zu ergründen,
was wird münden
in der Erkenntnis
durch ein Ereignis,
wenn das Selbst
sich in sich selbst erkennt.

∞

Erwachen

Wer wir sind

Diese große Frage
versetzt einen in die Lage,
herauszufinden wer wir wirklich sind
und was mit uns nicht stimmt.
So schwierig wird es doch nicht sein,
erkennt der Einzelne erst sein inneres Schwein,
welches einen hemmt
und die Gefühlswelt verklemmt.
Die Tür ist die Verbindung
und bringt dem Menschen Linderung.
Erkennt der Einzelne sein Sein,
wird er geboren und bekommt den inneren Schein.
Er erfährt, dass dieser Schein
durchdringt alles irdische Sein.
Er erlebt die große Macht
Und verlässt die tiefe Nacht.

∞

Große Gaben

Überm Scheitel bricht sich ein Licht.
Der Körper erstrahlt in Regenbogenfarben,
an denen können wir uns laben.
So erscheinen wir in der großen Einheit,
wir tanzen zwischen den Dimensionen mit Leichtigkeit
und erkennen die großen Gaben,
welche uns erreichen in den schönsten Farben.
Letztendlich erleben wir in uns das Licht,
und wer es erkennt,
der weiß, dass nichts uns trennt.

∞

Erwachen

Sehnsucht

Einsamkeit sehnt sich nach Zweisamkeit,
Zweisamkeit auch mal nach Einsamkeit.
Traurigkeit sehnt sich nach Fröhlichkeit,
Fröhlichkeit auch mal nach Traurigkeit.
Gewaltsamkeit sehnt sich nach Zärtlichkeit,
Zärtlichkeit auch mal nach Gewaltsamkeit.
Dunkelheit sehnt sich nach Helligkeit,
Helligkeit auch mal nach Dunkelheit.
Langsamkeit sehnt sich nach Schnelligkeit,
Schnelligkeit auch mal nach Langsamkeit.
Menschheit sehnt sich nach Einheit,
die Einheit sehnt sich auch nach der Menschheit.

∞

Bewegung

Bewegung ist die Regung,
die uns vorwärts treibt
auf der kreisenden Bahn,
die eine Spirale beschreibt.

Begegnung bringt Bewegung,
während wir Vorwärtstreiben
und immer weiter wachsen,
da wir nicht stehen bleiben.

Bewegung ist die Segnung,
die uns weiter treibt.
Sie bringt uns an den Kern,
wo wir finden die Ewigkeit.

∞

Erwachen

Der Funke

Tage kommen,
Tage gehen,
es gibt so viel zu sehen,
erst mal in die Hand genommen
dies Leben.
Erkannt die Macht,
den göttlichen Funken entfacht,
nach dem wir streben.

Tage kommen,
Tage gehen,
aus Liebe wir bestehen,
erst mal auf die Macht besonnen.
Unser Leben
beginnt zu verschenken,
unser Innerstes wird lenken
die lichte Kraft,
die den göttlichen Funken entfacht.

∞

Spiel mit mir

Spiel mit mir,
das erregt mich sehr.
Wenn man sich umkreist,
aber doch nicht weiß
wie der Andere denkt.
Jeder dieses Kribbeln kennt,
wenn jemand Energien lenkt.
Den Anderen herauszufordern,
um zu spüren dieses Lodern
der Gefühle, keine Kühle.
Langsam sich zu öffnen,
dem Anderen sein Inneres schenken;
ohne ein Bedenken.

Spiel mit mir,
denn die Leidenschaft
ist sie erst erwacht,
erreicht uns wie ein Sturm,
in ihm ist man nicht verloren.
Die Nähe durch das Spiel
man immer intensiver fühlt
und recht bald
ist es nicht mehr kalt.
Durch die Reibungen im Spiel
ungeheure Energien erblühen,
die uns erheben in das Reich
alles erscheint so leicht.
Spiel mit mir,
denn ich spiel so gern mit Dir.

∞

Erwachen

Neo

Ein böser Traum zuende geht,
mein ganzes Sein ist neu belebt.
Ganz benommen steh ich da,
dreh mich um die Sicht wird klar.
Alle Dinge scheinen neu geboren,
leuchtender und wirklicher,
so kommt mir alles vor,
nachdem die Mauer sich verlor.
Endlich erwacht nach langer Zeit,
viele Jahre Sehnsucht, Bitterkeit.
Am Ende doch gefunden eine Tür,
die das Universum öffnet mir.
So bleib ich hier
und finde auch zu Dir.

∞

Nichts zu verlieren

Vieles geht,
vieles kommt;
ohne Gehen,
kein Kommen;
ohne Tod,
kein Leben;
ohne Nacht,
kein Tag;
ohne Entscheidung,
keine Bewegung;
ohne Bewegung,
keine Entwicklung;
Entwicklung ist der Grund.
Keine Angst,
ist der Grund für Entwicklung.
Vieles geht,
vieles kommt,
nichts zu verlieren,
nichts zu verlieren,
nichts zu verlieren,
nichts zu verlieren,
nichts zu verlieren,
nichts zu verlieren,
nichts zu verlieren,
nichts zu verlieren,
nichts zu verlieren.

∞

Erwachen

Das Kinde erwacht

Das Kinde erwacht,
lacht,
schaut sich um
und ist begeistert
von dem was es erkennt.
Die Farben dieser Welt,
die Seele erhellt
das irdische Sein,
der Körper so klein,
so rein.
Das Leben beginnt
mit einem Schrei,
frei,
Liebe geben,
leben.
Der Anfang einer neuen Zeit,
das Wesen befreit
und endlich bereit.
Das Kinde lacht,
erwacht.

∞

Ich lebe

Kann Nähe nehmen,
kann Nähe geben,
kann Nähe leben.
Kann Wärme spüren,
kann Wärme geben,
kann dadurch leben.
Kann Zuneigung zeigen,
ohne zu leiden.
Deine Liebe genießen,
kann ohne bedenken
das Männliche schenken,
werde empfangen,
keine Gedanken.
Die verschmelzende Kraft
von Tag und von Nacht,
tanzende Energien.
Es sei mir verziehen,
die lange Zeit der Unachtsamkeit.
Hab Dich jetzt gefunden
und werde Dir geben
Gefühle die leben.
Bin nun bereit
für die Zeit zu Zweit.

∞

Erwachen

Passage

Das Reich der Sinne berührt
und damit die Entwicklung gekürt,
die am Anfang stand,
erreiche das Land.

Durch Handeln einen Weg gewählt,
noch ein wenig gequält,
um sich zu entziehen dem Verstand,
erreiche das Land.

Eine Fülle sich ergießt,
die sich dem Erwachten erschließt,
nachdem er verschwand,
erreiche das Land.

Der Enge entkommen,
durch das Wasser geschwommen,
erreiche den Strand,
erwache im heiligen Land.

∞

Worte

In den Worten
liegt eine Kraft,
eine ungeahnte Macht,
die ein Poet entfacht.

An allen Orten
er Gedichte erschafft,
die aus unendlichen Tiefen
nach ihm riefen.

In den Worten
liegt eine Klarheit,
die Wahrheit ausspricht,
sie kommen aus dem Licht.

An allen Orten
sie geben Geborgenheit;
diese lichte Energie,
sie erlischt nie.

∞

Erwachen

Versteckte Flügel

Engelsgleich sitzt Du da,
das goldene Haar.
Die Flügel bleiben unentdeckt,
eine andere Dimension sie versteckt.

Ins Weltliche geboren
und auserkoren
zu bringen ein Licht,
vergiss es nicht.

Eine erhabene Macht
aus Deinem Inneren lacht,
um zu verkünden
es gibt keine Sünden.

In der Welt der Engel
gibt es keine Mängel,
nur tiefe Liebe zählt
und ein Jeder ist auserwählt,
sie bewusst zu erleben
in diesem Leben.

∞

Mut haben

Wer den Mut hat glücklich zu sein,
der ist bereit
für ein Leben durch die Zeit,
denn er wird sich befreien.

Wer den Mut hat glücklich zu sein,
der ist bereit
für ein Leben ohne Leid,
denn er wäscht sich rein.

Wer den Mut hat geboren zu werden,
der wird erleben die Freiheit
und die unglaubliche Schönheit,
weil er erkennt das Paradies auf Erden.

Wer den Mut hat aus Fehlern zu lernen,
der wirft ab seine Lasten
und hört auf zu hasten,
denn er erkennt den Weg zu den Sternen.

Wer den Mut hat glücklich zu sein
der ist befreit,
da er ist bereit
zu leben nicht mehr allein.

∞

Erwachen

Danke

Hab Dich am Anfang nicht gesehen.
Als mein schweifender Blick Dich fand,
da hab ich erst erkannt,
mein Problem, auf Dich zuzugehen.
Betrachte ich es nüchtern,
war ich wohl zu schüchtern.
Plötzlich war da wieder diese Wand,
dabei hab ich sie doch schon erkannt.
In diesem schwachen Moment nicht überwunden,
dafür aber gefunden,
eine kleine Schwäche in meinem Sein,
dies blöde inn're Schwein.
Danke beim Helfen die Mauer zu überwinden,
beim nächsten Mal wird der erste Blick Dich finden.
Und wenn nicht, hab ich den Mut,
auf Dich zuzugehen, es ist für beide gut.

Die Welle

Sich fallen lassen
in die Arme einer Kraft
die das Leben auf Erden erschafft.
Um zu ergründen
und zu erfassen,
was es gilt zu verkünden.
Herauszuschreien in die irdische Nacht,
die erlösenden Worte
und tragen an alle Orte,
zu allen die es hören wollen
um zu spüren die erleuchtende Macht,
so wird die Welle weiterrollen.

∞

Erwachen

Kleine Welt

Nun sitz ich da,
in meiner kleinen Welt.
Keiner steht mir nah,
damit er meine Welt erhellt.
Was ist nur geschehen,
was hab ich getan,
das alle von mir gehen,
warum tut Ihr mir das an?
Alle sind gegangen,
ganz alleine bleib ich zurück
bin immer noch gefangen,
warum haben nur alle anderen Glück.
Alles, was ich hab in Euch gesehen,
nahm mir den Mut zu gehen
und ich will es nicht verstehen.
Versteh doch nur das dieses Flehen,
ausschlaggebend war für uns, zu gehen.
Eigentlich sollten wir es Dir nicht sagen,
doch wir haben Dich ohne zu klagen
jahrelang auf dem Rücken getragen.

∞

Aufgaben

Nun sitz ich da,
in einer erfüllten Welt,
bin aller schönen Dinge mir gewahr.
Mit großen Gaben wurde ich beschenkt,
damit ich irdische Geschicke lenk.
Auf dem Weg zu mir,
erlangte ich Fähigkeiten,
um allen Wesen Freude zu bereiten.
Tiefe Liebe treibt mich an,
so werde ich dorthin gelangen,
wo die Not am Größten ist,
sag mir wo Du bist.
Rufe nach mir
und ich komme zu Dir
oder ich gebe bekannt,
Du hast Dich erkannt.
Ein Engel wird kommen in Deine Welt,
und bist Du bereit,
dann wird Dein Wesen erhellt.

∞

Erwachen

Gedanken

Ein weiteres Mal
fällt die Last
von meinem Herzen ab,
am Ende dieses Abschnitts
wurde noch einmal überprüft,
ob das Gelernte auch vertieft
im Bewusstsein ist verankert.
Diese Prüfung wurde nun bestanden
und so habe ich verstanden:
hält man die Gedanken fest,
so geben sie der Seele den Rest.

∞

Freiheit des Seins

Am Ende meines ersten Buches
verlasse ich die Suche
nach meiner inneren Ruhe.
Auf diesem Wege ausgekramt die dunkle Truhe,
wiedergefunden verlorene Schätze meines Seins,
so wurd ich wieder Eins.
Meine gottgegebenen Fähigkeiten zusammengetragen
und beantwortet die Fragen
nach meiner wahren Identität
und es war noch nicht zu spät
sie wiederzuerlangen.
Ich bin nicht mehr gefangen.
So wird es auch nie wieder sein.
Durch mich hindurch wirkt Gottes Schein.
Das Wichtige dabei ist nicht zu denken
und so dem Sein Vertrauen schenken.
Über alle Maßen werde ich belohnt,
da Gottes Kraft nun in mir wohnt.
Bin erwachtes Werkzeug dieses Spiels
und ohne das ich weiß, bewirk ich viel.
Bin Spieler in der weißen Mannschaft,
die dem Licht Zugang zur Erde verschafft.
Die angstvollen Zeiten sind bald vorbei
und alle Seelen werden frei.

∞

Erwachen

Aufbruch

März 2000 – Juli 2002

Lumière

Lumière, Lumière
getragen von dem Licht.
Über die wogenden Wellen
des Unbewussten reiten,
hinüberfließen in ein Gleiten
und vorwärtsschnellen
in die hochfrequente Schicht.
Lumière, Lumière

Lumière, Lumière
weiter geht die galoppierende Fahrt,
welche sich da offenbart.
Immer weiter treiben lassen,
auf diese Art Vertrauen fassen
zu den Dingen die da sind,
greif zu mein Menschenkind.
Lumière, Lumière

∞

Vereinigung

Ein Ort in den Wolken,
aber doch auf der Erde.
Gekleidet in Weiß,
der Atem geht leis.
In der Ferne geflügelte Pferde,
die dunklen Locken,
der anmutigen Reiterin
fliegen im Wind.
Sie reitet geschwind
durch die Lüfte des Unbewussten.
Wie eine Heilerin
treibt sie mir entgegen,
so wollt ich ihr immer begegnen.
Der glühende Blick
dieser bewussten Person,
es wird belohnt,
das Vertrauen welches wohnt
im Herzen immer schon.
Die geflügelten Pferde
sind jetzt zum Greifen nah
und so es geschah.

»

Entledigt meiner Bürde
der letzten Hürde
nehme ich Platz
an der Seite meiner Königin.
Der Beginn,
die Zeit zu Zweit,
Hand in Hand,
wir treiben die Pferde an.
Die Zeichen der Macht
durch die Leben erhalten,
um zu verwalten
unser Königreich.
Die Wendung zur Vollendung
die Gegensätze sind vereint.
Sonne und Mond scheint
zur gleichen Zeit.
Licht bricht die Dunkelheit,
wir sind vereint.

∞

Aufbruch

Urban

Was bedeutet urban?
Ist es vielleicht die Autobahn?
Oder das Leben
in einer automatisierten Welt
mit dem Streben nach Geld?
Oder das Beben
von riesigen Baumaschinen,
die dem Bau von Betonwerken dienen?
Oder das Leben
wie im Ameisenhaufen
Menschen, die im Gleichschritt laufen?
Oder das Heben
von riesigen Gewichten
um aufzusteigen durch die gesellschaftlichen Schichten?
Oder das Erleben
des ständigen Pulsieren
vom immerwährenden Passieren?
Oder das Streben
nach der Begegnung
durch die massige Bewegung?
Oder das Verweben
mit der Anonymität
um zu umgehen der zwischenmenschlichen Realität?
Oder das Erheben
des göttlichen Schein
ins menschliche Sein?

∞

Sonne und Erde

Die Sonne erstrahlt
und hüllt die Erde ein
mit wärmender Kraft,
die leuchtende Macht,
der lebensspendende Saft.

Das Sonnenlicht schneidet
wie ein Schwert
das Universum
und trifft auf die Erde
Vereinigung.

Aus dieser Verbindung
Leben entsteht
und niemals vergeht,
solange unsere Mutter lebt,
wird sie empfangen des Vater's Licht.

Die Hochzeit schon
Milliarden Jahre dauert,
und seit ewigen Zeiten
sie ihre Kinder begleiten
durch die Zyklen der Materialisation.

Von Generation zu Generation
versuchen wir zu verstehen,
wie kann es entstehen
das irdische Leben?
So ist es eben!

∞

Drachenkampf

Krokodil greift an,
wir springen zurück
und hatten Glück,
dass es uns nicht erwischt.
Es fällt ins Wasser - Gischt!

Eine riesige Schlange im Maul,
hier ist etwas faul.
Leblos sieht sie aus:
„Geb sie raus!"

Was können wir tun,
jetzt nicht ruhen.
Energien gebündelt,
Schlange züngelt.
Vereinen unsere Kraft,
damit die Schlange Befreiung schafft.

Langsam beginnt sie sich zu winden,
sie scheint zu empfinden.
Sie fängt an sich weiter zu regen
und vorsichtig zu legen
um den Hals des Krokodils.

Plötzlich fiel's uns wieder ein,
wir sind Eins.
Die Kraft der Wandlung,
jetzt zur Handlung.

Wir packen zu
und im Nu,
das Ungetüm das Maul aufreißt
und dies verheißt
eine bessere Lage
wir sind in Rage.

Es ist ein wilder Kampf
- nicht sanft.
Unsere Schlinge zieht sich weiter zu,
bald ist Ruh.

Das Krokodil wird schwach,
wir aber sind wach
und mit vereinter Macht,
das Genick zum Brechen gebracht.

Der Kampf ist gewonnen,
einen neuen Bereich in Besitz genommen.
Die Wandlung siegt,
der Drache liegt
danieder.
Dieser kämpft nie wieder.

∞

Aufbruch

Nicht denken

Die Fähigkeit nicht zu denken,
führt den Geübten
aus der Dunkelheit
und wird ihn beschenken
mit dem ungetrübten
-Blick- in die Allmächtigkeit
des unendlichen Sein.
Er wird lernen, zu lenken
in tiefer Demütigkeit
den gleißenden Schein
zum Wohle der Menschen, ohne Bedenken.

∞

Und wer bist du?

Wie ist die Antwort auf solche Frage,
ohne das man sie ins Philosophische trage?

Also bin ich ein Mensch,
mit einem Namen
und einem Geschlecht,
demnach meines Körpers Knecht.
Und welchen Namen trägt mein Samen?
Ist es nicht mehr, als zu sein ein Mensch?

Wer lebt in des Körpers Haus?
Es ist mein Geist.
Also bin ich ein bewusstes Sein,
ein unsichtbarer Keim,
der über die Erde reist,
wie eine Schnecke mit Haus.

》

Aufbruch

Was ist es, das mich lenkt?
Es ist zu erfahren.
Bin hochfrequente Energie,
sterben kann ich nie.
Liebe und Licht lässt mich erstrahlen,
da ist niemand der denkt.

Warum erlebe ich die Welt?
Habe zu lernen
kein Schein,
werde rein.
Der Weg zu den Sternen
wird durch mich erhellt.

Wie ist nun die Antwort auf die Frage?
Als Werkzeug ich das ganze Universum in mir trage.
Es stellt sich selbst die Frage.

∞

Die Zeit

Keine Zeit,
das Leben treibt,
von hier nach dort.
Eben noch da - schon wieder fort.
Ein anderer Ort
an ihm wird klar,
was gestern noch war.
Und für einen Moment verbleibt
die Zeit.

∞

Aufbruch

Untergang ist Übergang

Jeder Untergang
ist der Beginn
eines Übergang.
Untergehen als Gewinn?

Der Samen in der Erde untergeht,
dort eine Zeit verbleibt
bis eine Pflanze entsteht,
die der Sonne entgegentreibt.

Wir wandern in der Dunkelheit
und erreichen ein Dämmerlicht.
Der Übergang an dem die Seligkeit
in die Finsternis bricht.

Jeder Untergang hat zwei Enden.
Mit dem Eintritt in den Durchgang
haben wir entschieden uns zu wenden.
Der Übergang - hör den Engelsgesang.

∞

Schöne Töne

Schöne Töne
krönen die Reinigung
der Vereinigung.

Schöne Töne
haben eine Kraft
die Frieden schafft.

Schöne Töne
zu empfinden
und sie zu entbinden.

Schöne Töne
zu erleben
bringen das Innere zum Beben.

Schöne Töne
öffnen Räume,
sind wie Träume.

Schöne Töne
krönen die Vereinigung
Reinigung.

Schöne Töne!

∞

Hochzeit

Hochzeit ist die Hoch-Zeit.
Der Moment
in dem sich die Erde
mit der Weisheit vereint.
Sie gebären eine Kraft,
die wie eine Sonne gleich
aus dem Herzen scheint.
Geboren aus der Verbindung
von Tag und Nacht.
Der Träger des heiligen Lichts,
er ist erwacht,
die Fähigkeiten - Meisterschaft.
Heilung wird er bringen
durch Wort und Ton,
wissen tat er's immer schon.

∞

Es fließt

Es fließt, es fließt!
Aus allen Poren es ergießt
sich die vereinte Energie.
Im Momente der Vereinigung
in Ekstase er schrie.
Reinigung - Läuterung,
er in Verzückung ertrug
und es wurde ihm bewusst,
im Momente da das Licht ihn fast erschlug,
was seit Anbeginn er gewusst.
Er fließt, er fließt,
da Gottes Segen sich durch ihn ergießt.

∞

Der Erde Leid

Die Sprache der Erde - eine Bilderflut,
die hervortritt aus des Vulkanes Glut.
Gefährlich, dennoch wunderschön
der Erde Blut aus dem Inneren nach Außen ström.
Die irdischen Kräfte angekündigt durch ein Beben,
so erkennen wir des Wesens Leben.

Die Mutter die seit jeher ihre Kinder beschützt,
doch es hat ihr nicht genützt?
Die Parasiten in ihrem Pelz haben noch immer nicht erkannt
was sie mit der Erde verband.
Doch nun beginnt die Reinigung
und so mancher erlebt mit diesem Planet eine Vereinigung.

Und so werden sie Beten, eine ekstatische Verbindung
wird bringen Linderung.
Es ist nicht zu spät.
Nicht das die Erde sich bald ohne uns dreht.

Hier und Dort

Bin ich hier,
bist du dort
was für ein Sport.
Halte Wort,
komm zu Dir.

Bist du hier,
bin ich dort
an einem anderen Ort.
Ein Akkord
fliegt zu Dir.

Sind nicht hier,
sind nicht dort.
Unser Wort
an jedem Ort.
Bin bei Dir.

Wir sind hier,
wir sind dort.
Das Bewusstsein mit an Bord,
gehen nicht fort.
Komm zu mir - ER ist hier.

∞

Die Brücke

Über die Brücke gegangen,
steh ich nun an neuen Ufern.
Dreh mich um und blicke zurück.
Die Vergangenheit fliegt hinterher,
nur belastet sie nicht mehr.
Auf dieser Seite welch ein Glück
sind die alten Leiden durchlebt und fern.
Ein erwachtes Leben hat angefangen.

Es herrscht eine erfüllte Stimmung,
die sich gründet auf Besinnung.
Alles was man hält kurz loszulassen,
um dabei zu erfassen,
was einen hat gehalten
- im Schatten, im Kalten -
Woher kommt die Angst was zu verlieren,
obwohl wir dabei fast erfrieren.

∞

Lass los

Lass los, las Dich fallen.
Tu dir den Gefallen.
Glaube, du wirst aufgefangen.
Nur so kann man Freiheit erlangen.

∞

Aufbruch

Lebensfarben

Das Leben eine Farbenpracht.
Diese leuchtenden Gaben
sie sind immer da,
aber nicht jedem sind sie gewahr.
Ach, ich wünschte jeder würd sie entdecken,
wie soll ich Euch nur wecken?

So der Wecker ist gestellt.
Es liegt an Euch zu stellen die Zeit.
Ihr seid bereit!
Damit Ihr Euch zu jenen gesellt,
die sich an den Farben laben.
Sieh die Farben!

Alles lacht.
Du bist erwacht.

∞

Reinigung

Ganz leise sprach der Weise,
der Klang seiner Worte
so unendlich und tief.
Der Raum erfüllt
mit einer reinigenden Kraft.

So erzählt der Weise von einer Reise
an die verschiedensten Orte
nach denen die Seele rief.
Und so uns umhüllt,
was wir selber erschafft.

Die Reise zieht immer größere Kreise,
bis zur unendlichen Pforte,
durch die die Menschheit einst lief.
Der letzte Schritt wird enthüllen,
die göttliche Kraft. - Geschafft!

∞

Nichts formt

Langsam beginnen sich die Worte zu formen.

Es fällt nicht schwer
sie nieder zu schreiben.
Nur wo kommen sie her?
Wo werden sie bleiben?

Ein Impuls führt meine Hand,
so wird die Energie aufs Blatte gebannt.
Der Leser nun erfährt,
Dinge die das Nichts gebärt.

Alles ist ein unendliches Treiben.
Ein Auf und Ab im unendlichen Meer.
Nichts wird an einem Orte bleiben.
Wir erkennen immer mehr

und erfahren zwischen den Worten neue Formen.

∞

Ende der Verirrung

Dieses Leben
ein Treiben
durch die verschiedenen Welten.
Immer auf der Suche
nach der Tür,
welche aus der Verirrung führ.
Dieses Leben
eine Möglichkeit
den trügerischen Welten
für immer zu entkommen.
Höre auf zu suchen,
denn die Tür
kommt zu Dir.
Spüre, sie ist schon hier.
Erlebe wie es
Dich durchfließt,
eine ungeheure Liebe
sich durch Dich ergießt.
Genieße was Du nun erhellst,
denn Du bist es selbst.

∞

Aufbruch

Die Krone

Der Augenblick, in dem Du eine lichte Krone erhältst,
damit sich die Erde erhellt.
Eine tiefe Geborgenheit
jenseits der Dunkelheit
Dich von nun an durchströmt.
Seit Jahrtausenden hast Du gestöhnt.
Die Gegensätze sind vereint,
ein lichtes Sein aus Dir scheint.

∞

Konsum

Konsum macht betrunken,
alles kaufen - kaufen.
Von dannen laufen
und wie versunken
die verdiente Kohle in irgendwelche Dinge pumpen.
Verenden sowieso als Lumpen.

Wie nur stoppen diesen Wahn?
Ein Bürger der gut funktioniert
und völlig ungeniert
den Verdienst, im Tran
der Industrie in den Rachen schieb,
weil Unzufriedenheit ihn trieb.

Diese diffizile Sucht
nach materiellem Besitz,
die eine Kerbe in die Seele ritz,
damit er erkennt die Flucht.
Weg von der Entscheidung,
die wird befrei'n von dieser Neigung.

Triff endlich die Entscheidung!

∞

Warten

Warten, warten bis die Zeit vergeht
und man endlich vor dem Tore steht.
Es sich öffnet wie von Zauberhand,
welch ein Segen erreicht das Land.
Seit unendlichen Zeiten schon
ist die Erkenntnis der Mühe Lohn.
Von einem Monster wird das Tor bewacht,
über dessen Einfachheit man beim Durchschreiten lacht.
Es liegt zu nahe um es zu sehen,
bis zu dem Moment da wir verstehen.
Und das Göttliche in seiner ganzen Macht,
über unsere Weitsichtigkeit nur leise lacht.

∞

099

Rückfahrkarte

Die Füße auf der Erde stehen,
auch wenn der Geist will zu den Sternen gehen.
Doch diese Rückfahrkarte welch ein Glück,
wird immer bringen mich zurück.

∞

Aufbruch

Der Delphin

In der Tiefe der See
Stille - dunkel - blau
Wärme - Kälte - blau
Ein Geräusch, ein Ton
helle Begrüßung - die See
eine Bewegung, leise Wellen
verkünden die Begegnung
ein Trieb, der Drang
Frequenz erhöht, vorwärts bewegt.
ein Schatten, wie ein Prickeln
er erreicht - ein Lied
komponiert in der Vereinigung.
Erleichterung - die Tiefe der See
Spiegelung, Bilder der Erinnerung
Emotionen als Belohnung.
Spielerisches Gleiten in den Zeiten,
zieht durch unendliche Weiten.
Bewegung leise Wellen - Frequenz
erlebe Verständnis - Erkenntnis.
Der Delphin ist befreit,
leise Bewegung, durch alle Ebenen.
Jetzt erwacht - das Wissen.
Der Delphin - Macht zum Wissenden.

∞

Farben

Die Farben aus denen das bewusste Leben entsteht,
treten immer klarer hervor.
In unterschiedlichen Ebenen das Schöpferische weht,
der Mensch die Sicht dafür verlor.
Einige Wenige, welche sind bestrebt
wiederzuerlangen das tiefe Verständnis,
verbunden mit der Erkenntnis
woraus der Mensch besteht,
indem er seinem Schicksal selbst auf den Grunde geht.
Er erkennt und erlangt zurück das Wissen und beginnt zu sehen.
Steht für Frieden - tiefe Kraft,
die immer tiefere Erkenntnis schafft.
Erfüllung tiefe Leidenschaft - der Urgrund durch ihn lacht.
Keine Angst mehr vor der Macht.
Er genießt die schöpferische Kraft.
Verantwortung nicht mehr fortgeschoben,
sondern endlich aufgehoben,
um zu dienen mit allen Fähigkeiten
durch die unendlichen Zeiten.

∞

Aufbruch

Turbulenzen

Turbulenzen,
erkenne nur Tendenzen,
keine Grenzen,
Angst vor Konsequenzen,
Sequenzen,
viele Frequenzen
sich ergänzen
zu einem neuen Menschen.

∞

Alexandra

Alexandra, oh Alexandra.
Deine Welt so wunderschön,
leider muss ich weitergehen.
Vor den Toren Deines Seins ich stand.
Ich wollt da wär ein and'res Band.
Bis in den Vorhof konnt ich sehen
es war so wunder - wunderschön.

Alexandra, oh Alexandra.
Zu früh kam ich an diesem Morgen,
Du hattest zuviel and're Sorgen.
Die Sonne bald wird über Dir stehen,
in der Ferne wirst Du mich dann gehen sehen.
Gelabt hab ich mich an Deinen Wassern.
Gelaufen sind wir durch geheime Strassen.

Alexandra, oh Alexandra.
Verliebt bin ich in diese Welt.
Du hast mir manch dunklen Fleck erhellt.
Mein Herz ist voller Dankbarkeit
in deinem Schatten verflog die letzte Dunkelheit.
Du bist des Firmamentes schönster Stern,
ich wollt Du wärst mir nicht so fern.

∞

Aufbruch

Freiheit des Seins

Die Freiheit des eigenen Seins
ein wilder Strom.
Gespeist aus den Quellen,
sie bilden den Keim.

Untiefen, gewaltige Kraft
fließen der Ebene entgegen.
Verändern das Bild
durch die Fluten erschafft.

∞

Die Wüste

Stehe hier am Wüstenrand.
Seh mich um - Sand.
Hoch zu Ross - beritten,
in einen neuen Raum geglitten.
Mach mich auf ihn zu erkunden,
so vergehn die Stunden.
Sehe Sonne, Mond und Sterne klar,
bin der Erde - meiner Natur sehr nah.
Der erste Blick - trostlos und gefährlich,
doch ganz ehrlich: „Es ist herrlich!"
Auch Moses in die Wüste zog
und sein Wesen sich erhob.
Leblos macht die Hitze nicht.
Ohh nein, sie birgt viel Licht.
Eine Ahnung lässt verkünden,
die Reise wird in Einheit münden.
Die Bewegung - Häutung - Läuterung,
sie wird gezeugt - die Macht,
das Feuer hat sie entfacht.
All die Entbehrung jener Zeit
erhebt jetzt aus der Dunkelheit.
Hier stehe ich am Strand,
hinter mir der Wüstensand.
Schaue auf das Meer
und sehe dabei mehr und mehr.

∞

Aufbruch

Die Glut der Liebe

Liebe, dieses teure Gut
des Feuers Glut,
ein tiefes Empfinden
wenn zwei Menschen sich finden,
unendliche Harmonie
vergeht nie.
Der tanzende Reigen,
das spielerische Zeigen,
wie der Wind in den Zweigen
sich die Bäume verneigen.
Die Energien sich reiben,
durch alle Ebenen sie treiben.
Es entsteht dieses Singen
von sich berührenden Ringen.
Unser Mut, entfachte die Glut.
Unsere Liebe, eine funkensprühende Glut.

∞

Alles bereit

Die eigene Unsicherheit
gibt mir Gelegenheit
zu ergründen,
ob in des Unbewussten Dunkelheit
alles ist bereit
um zu verkünden:
ich bin soweit!

Den nächsten Schritt zu wagen,
werde nicht verzagen,
weitergehen,
Verantwortung übernehmen.
Dies ist die Zeit,
der Beginn zu zweit.
Kein Leid,
das Tal so weit.
Befreit.

∞

Am Morgen

Die Sonne
strahlt mit Wonne
durch mein Fenster.
Sie erhellt den Raum
in dem die Seele wohnt,
kein Winkel
bleibt vor ihr verschont!

∞

Der Nerz

Der Nerz
umhüllt den Schmerz.
Die Verletzlichkeit verdeckt.
Nach außen hübsch,
nach innen warm,
doch es ist nicht war.
Weder von Innen noch von Außen klar.

∞

Aufbruch

Gedanken

Ich bin ängstlich, sitze da
denke nach
die Zukunft
nicht klar,
wie soll sie auch
ich Narr.
Musik
Na, klar
ja,
ja!
Es treibt,
bleibt
geht von dannen
kommt zurück
ist neu
die gleichen Musiker
Akustiker
Ritter
aus dem Gewitter
es reibt
grüne Wiesen
Riesen
haben durchbrochen
krochen
über die Hölle hinaus
raus
aus den Begrenzungen
Veränderung
der Lohn der Angst.
Ankh.

∞

Was ich will!

Was ich will ist Klarheit,
der Kampf um die Wahrheit,
keine Eitelkeit,
Ehrlichkeit.
Der Mut der Verzweiflung
wird bringen die Heilung.

Die Gefühle in Aufruhr
Warten auf den bekennenden Schwur.
Die Möglichkeit
der Vergeblichkeit
ich bin ihr gewahr,
doch nur so werden Träume war.

∞

Warten

Auf eine Entscheidung warten.
Die Zeit zieht vorbei,
schwer wie Blei.
Will nicht missen den Garten,
die Tiefe der Liebe,
die Schönheit der Triebe.
Schon so lange - nur Warten.

Mit jedem Tag sinkt mein Vertrauen.
Ist alles eine Illusion?
Dieser Gedanke - Frustration.
In mir wächst dieses Grauen,
dass ich muss Entscheiden,
um zu beenden das Leiden.
Wo ist es geblieben, das tiefe Vertrauen?

Es sind gesagt so viele Worte.
Jetzt bedarf es einer Handlung,
um zu beenden die Verwandlung.
Zeig mir, dass du verlassen kannst die alten Orte.
Lass uns verwirklichen den großen Traum,
lass los und gib uns Raum,
denn Liebe ist mehr als tausend Worte.

∞

Willkommen

Herzlich willkommen,
bin noch ganz benommen,
Reise durch die Zeiten
voller Unwägbarkeiten.

Herausgefallen im Hier und Jetzt.
Das ganze Universum ist vernetzt.
Ich kann es hören.
Der Versuch mich zu betören.

Das Chaos ist überall,
ziehen hindurch mit Überschall.
Doch alles ist verbunden
seit ewiglichen Stunden.

Zusammengekommen an diesem Ort,
getragen durch das Wort.
Töne schwingen ewiglich,
was wir hören ist Musik.

∞

Eifersucht

Eifersucht,
der verborgene Fluch.
Er versucht,
mich zu verleiten
zu öffnen das Buch,
um zu überschreiten
die dunkle Bucht.
mein Versuch,
die Flucht.

Meine Flucht,
bringt mich zurück
zu der Sucht.
Ich wollte nicht sehen.
Zu meinem Glück
kann ich gehen.
Noch einmal in die Bucht.
Ich versuch
mich zu erlösen von der Eifersucht.

∞

Theater

Bei Theaterproben
toben.
Durch die Charaktere
kehre
hinaus die Emotion.
Explosion!
Am Ende beben,
leben
durch das Spiel.
Ziel
zu erfahren jede Facette.
Rette
sich wer kann,
dann -
wenn sich das Böse
löse
aus der Seele
fehle
jede Scham.
Alarm!
Das bin auch ich?
Lächerlich!?
Aber es ist wahr.
Na, klar.

∞

Aufbruch

Vergangenheit

Die Monster der Vergangenheit,
sie sitzen in den Ecken.
Seh wie sie die Zähne blecken.
Verwandeln Licht in Dunkelheit.

Kann die Blicke nicht vermeiden.
Will sie vertreiben aus den heiligen Räumen.
Sie beginnen jedes Mal sich aufzubäumen.
Ohne Sieg erneutes Leiden.

Wie geht es vonstatten?
Was ist zu tun,
damit die bösen Geister ruhn?
Ich will Frieden vor den Ratten!

Jeden Tag verlier ich Kraft,
die zähen, alten Energien
wer kann ihnen entfliehen?
Ergreifen meine Seele wie betäubender Saft.

Doch woher diese dunklen Kräfte rühren?
Wann wurden sie gepflanzt?
Wie wurden sie gestanzt?
Was kann mich zur Erlösung führen?

So, so! Ich brauche tiefen Glauben.
Glauben, ja woran?
Welcher Glaube bringt mich voran?
Warum ist es nur so schwer mir dieses zu erlauben?

»

117

So diese Stimme sprach:
„Glaube nur ganz fest,
wir erledigen den Rest."
Auf einmal dieser Krach.

Ich höre Schreie, Verzweiflung, Wut.
Alles auf einmal - Durcheinander,
dieses Wirrwarr: Auseinander!
Des Feuers rote Glut.

Da eine ungeheure Feuersbrunst
fegt hinweg über die Landschaft,
sie verbrennt die ganze Mannschaft.
Tod, Verwirrung, surreale Bilderkunst.

Aus den toten Körpern Blumen blühen.
Die Wolken schnell vorüberziehen.
Die Erinnerung in der Gegenwart gedieh'n.
Siehe da, ich brauch mich nicht bemühen.

Der Schrecken der Bilder ist geblieben.
Die Monster haben sich entblößt.
Vielleicht bin ich jetzt erlöst?
Die Dunkelheit - mit den Wolken weggetrieben.

Es fällt mir schwer nach diesen Hieben.
Werd versuchen den Menschen zu trauen,
auf ihre guten Worte zu bauen.
Es ist nicht leicht das Böse zu lieben.

Ja, ja ich weiß
nur so find ich Frieden!

∞

Aufbruch

Das kostbare Gut

Die Liebe, dies kostbare Gut
warm wie des Feuers Glut.
Zerbrechlich - gleichsam einer Blume,
nicht bestimmt zu großem Ruhme.

Um sie zu genießen,
nicht vergessen sie zu gießen.
Durch des Wassers lichte Kraft,
sie es unendlich lange schafft.

In den Wellen der Liebe schwimmen,
ist wie einen hohen Berg zu erklimmen.
Mal haben die Steine scharfe Kanten.
Mal lädt der Bach uns ein, Kräfte zu tanken.

Doch was passiert wenn die Blume verblüht?
Kein Holz - so das die Glut verglüht.
Die Kostbarkeit langsam vergeht.
Wie lange Warten bis was Neues entsteht?

Zweie sind hier von Nöten,
die sich dringend benöt'gen.
Der eine der das Feuer schürt,
der andere neues Holz aufspürt.

Ist das Feuer wieder da,
werden die Konturen plötzlich klar.
Und das was im Dunkeln unheimlich erschien,
ist im Hellen zu einer Blume gedieh'n.

∞

Die Feuerblume

Eine wundersame Blume dort am Wege thront,
in dieser verwunschenen Gegend niemand wohnt.
Es scheint als genieße sie die Sonnenstrahlen,
die brennendheiß auf ihr Antlitz fallen.

Diese Pflanze räkelt sich im Lichte,
ihr Anblick entschleiert die Geschichte.
Sie tanzt - sie will verführen.
Sie ruft: „Los komme mich berühren!"

Dies rotgelbe Farbenspiel
mir von Anfang an gefiel.
Bin ganz nah, da fang ich an zu hadern,
das Blut pulsiert in meinen Adern.

Langsam streck ich eine Hand hinaus.
Sie lächelt: „Ob Du Dich wohl diesmal traust?"
Je näher meine Finger Kommen,
desto mehr werd ich benommen.

Nimm zusammen all mein Mut.
Berühre die Blätter - da fließt Blut.
Trotzdem will ich der Blume nahe sein,
da erstrahlt ihr Antlitz heller Schein.

Der Himmel öffnet sich, ein Engel tritt hervor.
Die Feuerblume steigt empor:
„Die Blume als Schlüssel prüfte dich,
nun geh hin und liebe ewiglich."

∞

Aufbruch

Die Braut und der Fährmann

Die Entscheidung scheint gefallen. Eine Entscheidung gegen das Leben. Die Frucht wird entfernt werden, wie ein lästiges Geschwür. Die Frucht die heranreifen sollte als Heim für eine vertraute Seele. Der Schein, der Traum mit all seinen illusorischen Verlockungen hat gewonnen. Die Träume von Freiheit und Selbstverwirklichung werden wie Sand in den Wogen von Zeit und Raum untergehen. Die kühnen Burgen im Sand, vom Winde verwehen - Stück für Stück bis nicht einmal mehr eine kleine Erhebung dieses einstmaligen Werkes zu sehen ist. Eingegangen in die Unendlichkeit, ohne jemals wirklich gewesen zu sein. Der Versuch das Sein durch ein imaginäres Gebilde zu ersetzten. „Nicht jetzt vielleicht später!". Nein, dies Leben in eine unstete Zukunft gebaut werde ich nicht wollen. „Hier steh und hier bin ich." Die Dinge die da sind, anzunehmen und auch einmal etwas wagen. Keine Zeit für später. Zu kurz ist des Menschenlebens Spanne um zu vertrösten die Erfüllung auf einen anderen Tag. Ein anderer Raum, eine andere Zeit in der man verbleibt. In der Zukunft leben um sich nicht zu bewegen. Sich über das Gewesene erregen, um nicht jetzt zu leben. Nein, ich bin frustriert. Mein Glaube an uns ist blockiert. Dort ist dieses Loch, die Zukunftsbilder der Gemeinsamkeit bleiben mir versagt. Habe ich versagt? So viele Kämpfe, die Arbeit die uns vereinte, soll nun nicht mehr tragen die Frucht? All die Pflege dieser anfangs zarten Pflanze, die gewachsen ist zu einem stattlichen Baum, der nun trägt die erste Frucht? Doch zur Ernte soll es nicht mehr kommen. Vernichtet werden soll der Ertrag in der Hoffnung irgendwann einmal wieder zu bringen eine Frucht. Zu vage, wenn nicht sogar dumm zu warten auf diesen Tag. Doch was tun in solcher Lage? Der Glaube ist gestört, die Hoffnung in ein gutes Ende. Ich weiß es nicht, es ist zuende. Möchte da sein für das geliebte Wesen, aber eine unsichtbare Wand verschließt mein Streben. Bei Berührungen schrecke

»

ich zurück, wie ein Vampir der fürchtet das Licht. Der Glaube an ein
gemeinsames Heim sind so erstickt im kräftigen Keim. Schuldgefühle
plagen mich, da ich nicht da bin für dich. Sehe dich ganz alleine stehen,
warum wolltest du nicht gemeinsam gehen? So lang hast du gewartet auf
den Einen, der Dich bringen sollte zum Reinen. „Hier steh ich und hier
bin ich. Sieh mich, sieh mich hier in dem Strahl aus reinem Licht." Dein
Glaube Dich an den Rand des Lichtes schob. „Steig ein, steig ein, ich sitz
am Steuer dieses Boots, dass Dich bringen kann zur Erlösung. Vertrauen
heißt die Losung. Vertraue mir, vertraue Dir." Doch deine Entscheidung
scheint gefallen. Ich leg bald ab und die Worte werden verhallen in der
Unendlichkeit der großen Seen, hilflos seh ich Dich am Ufer stehen. Ich
würd so gern noch bei Dir stehen. Es tut mir leid, ich werde gehen. Es
war alles da, wir waren uns so nah, aber es schien Dir nicht klar. Ich liebe
Dich und so gehe ich.

∞

Das Meer-Prinzip

Prinzipiell hat das Meer mehr.
So gesehen, es ist nicht leer,
auch in der größten Kühle
sind's die selben Moleküle.
Sie sind verbunden,
seit Stunden - Sekunden.
Ich sehe tiefes Blau,
manchmal ist es grau.
Zum Beispiel bei einem Sturm,
ihm trotzt der leuchtend Turm.
In der großen Weite,
er mich in seichtere Gewässer leite.
Der Wellen plätschern, so höre!
Sind es die Engelschöre?
Ereilte mich der Tod,
als das Boot kam aus dem Lot?
Eine große Stille mich umgibt,
der Trost für das was ich geliebt.
Des Meeres Unendlichkeit,
zeigt mir des Menschen Sterblichkeit.
Ich bin sehr stark verletzt,
zu unvorsichtig durch die Wellen gehetzt.
Liege hier - die Wunden leckend,
mein kleines Herz wie Feuer brennt.
Das Meer hilft mir meine Schmerzen lindern,
nichts kann der Ewigkeiten Lauf verhindern.
So gesehen ist es mehr.
Prinzipiell ist das Meer leer.

Wintergrau

Menschen ziehen an mir vorbei. Ich sitze in einem Café und blicke in die Trübe des Tages. Es regnet. Das leichte Grau der Gebäude passt farblich zu den Wolken. Die Stimmung dieses Bildes ist nicht bedrohlich, nicht unbeschwert - sondern irgendwie. Ja, es ist irgendwie. Es verbirgt sich eine schwere Leichtigkeit oder eine dunkle Helligkeit in diesem Moment. Der Geschmack des lauwarmen Milchkaffees breitet sich in meinem Mund aus. Die aufgeschäumte Milch kitzelt meinen Gaumen. Das Geräusch von vorbeifahrenden Autos im Regen durchdringt die schwermütigen Klänge der Akkordeonmusik im Hintergrund. Blau, Weiß, Rot, Bordeaux - die Farben der vorbeizischenden Autos bilden die Farbtupfer auf dem gräulichen Gebilde von Himmel und Großstadt.

∞

Das Meer

Das Meer, unendliche Weiten. Wir schreiben das Jahr 2002. Dies sind die Aufzeichnungen des Raumschiffes Erde, dass sich mit seiner 6 Milliarden Mann starken Besatzung aufgemacht hat, um die unendlichen Weiten des Raumes zu erforschen und neue Zivilisationen zu entdecken. Wir stoßen bei unseren Forschungen immer wieder auf Relikte aus alten Zeiten, deren Herkunft uns oft verschlossen bleibt. Wir kennen weder den Ort noch die Ursache dafür, trotzdem sehen wir sie vor uns. Genau in diesem Moment. Plastisch. Manifestiert auf dem Forschungstisch unserer Seele. Wir können um den Tisch herumgehen, auf dem das Ding liegt. Wir können es zerteilen oder röntgen. Kurzum es wird einer gründlichen Analyse des Wie und Warum unterzogen. Während dieser wichtigen, hoch geistigen Arbeit läuft unser Verstand auf Hochtouren. Er rätselt, kombiniert, verwirft und setzt immer neue Theorien zusammen. Hierbei tauchen immer wieder neue Fragen auf. Doch wo sind die Antworten? „Los Du Ding, gib Dein Geheimnis preis." Aber es redet nicht. Die Forschung ruht jedoch nicht, es kommen neue Dinge, die untersucht werden wollen, also wird dieses erst einmal zurückgestellt. Wir lagern es meist im Keller, wo schon unzählige andere nicht identifizierte Objekte zwischengelagert sind. Aber das ist doch Unsinn, mag jetzt einer denken. Und vielleicht hat er mit diesem Gedanken den Anfang gemacht. Es ist schwer, die Dinge durch denken zu lenken, will man keine Zeit verschenken.

Ein Liebesgedicht

Die Liebe dies kostbare Gut,
Du entfachst in mir die Glut.
Die Funken dieses Feuers in alle Richtungen sprühen
vergessen all die Mühen,
die ich auf mich nahm,
bis ich endlich zu Dir kam.
Wenn ich an Dich denke, öffnet sich mein Herz.
Vergessen all der Schmerz,
der Beziehungen alter Narben.
Deine Nähe verwandelt sie in Regenbogenfarben.
Wie bringe ich zum Ausdruck, was ich zu Dir empfinde?
Vielleicht stehen wir unter einer Linde,
wenn ich Dir schenke dies Gedicht.
Ich liebe Dich!

∞

Aufbruch

Himmlische Hochzeit

Die Höllenhunde sind überwunden.
Die Zweifel sind verschwunden.
Es eröffnen sich die Tore der heiligen Hallen,
die Engelschöre beim Eintritt erschallen.
Hier treffe ich meine Königin,
der großen befreienden Liebe Beginn.
An dieser hohen Stelle werden wir vermählt,
von nun an sind wir auserwählt.
Wir verschmelzen zu einer erlösenden Kraft.
Vergangen sind die Zeiten der Einzelhaft.

Zwei Wesen vereinigt durch das liebende Band,
Gesandte des Himmels, geheiligtes Land.
Unsere Vereinigung potenziert die Macht,
die auf Erden - Heilung und Liebe entfacht.
Sehnsüchtig erwarte ich dich,
denn wir lieben uns ewiglich.
Erkenne den ekstatischen Reigen,
werd mich nun auch auf Erden zeigen.
Gleich werden wir uns erkennen,
um uns nie mehr zu trennen.

127

Reggae am Ohr

Reggae am Ohr
der Regen ist fort.
Das Licht der Sonne
sich in den Pfützen
spiegelt.

Der Raum
des Zweifelns
ist entriegelt.

Farbenfrohe Nebel
durch die Gänge
ziehen.

Die dumpfe Trägheit
mein Gemüt
verlässt.

Heitere Leichtigkeit
die Sinne
vernetzt.

Zweifellose Freiheit
fließt herein,
durchströmt den Schein.
Klar scheint
das Sein.

∞

Gedanken

Nichts -
ist hier getrennt.
Von Dimension
zu Dimension
so kann ich wandern.
Bin ein Vogel - frei!
Sehe mein Universum
sich verwandeln.
Lese diese Zeilen
und Du wirst für diese Zeit
aus Deiner Welt befreit.

∞

Gott gesandt

Ich bin ein Mensch
von Gott gesandt.
Ich trage das Licht
von Ort zu Ort,
zu erleuchten
den dunkelsten Ort.
Meine Seele durchbricht
die menschlichen Schranken.
Raum und Zeit
sind plötzlich entzweit.
Als Mittler zwischen den Welten,
das ist mein Auftrag.
Befähigt zum Sehen,
kann ich überall gehen,
kann alles hören,
nehme alles wahr.
Meine Aufgabe ist Licht,
mein Ziel ist Licht,
mein Leben licht.

∞

Gehen

August 2002 – Oktober 2003

Der Einklang

Der Einklang
hat den Hang
zu zeigen
den Reigen
der ureigensten Welt.
Dieser Mechanismus stellt klar
was ist - ist wahr.
In einem Klang
mit der Welt,
die Harmonie
ist hergestellt.

∞

Gehen

Erwacht

Starre wie gebannt,
die Materie verschwand
hatte gedöst,
jetzt hat sich's gelöst.
Die Alte - die neue Welt,
sie ist nicht zerschellt.
Als ich bin aufgewacht,
hab ich gelacht,
als ich erkannt,
was mit dem Schleier verschwand.
Alles ist weg und alles ist da,
aus dem Traum erwacht - es ist wahr.

∞

135

Die Wahrheit

Die Wahrheit
ist so fern
wie sie nah ist.
Sie ist
und das jederzeit,
an jedem Ort.
Wer das Allumfassende erkennt,
der erfährt, dass nichts getrennt.

∞

Gehen

Eine Form des Lichts

Dunkelheit ist
eine Form
des Lichtes,
das bei
genauer Betrachtung
in sich birgt
den hellen Schein.

Dunkelheit ist
eine Form
des Lichtes,
in dem nur der
Eingeweihte
erkennt
den hellen Schein.

Dunkelheit ist
eine Form
des Lichtes,
die nur
dem Eingeweihten
hell erscheint.

∞

Grünes Gras

Wer ist der Meister,
der das Gras grün macht?
Der Meister lacht.
Das Denken,
kann man sich
an dieser Stelle schenken.
So er spricht:
das Sein
verborgen hinterm Schein,
führt uns hinters Licht.
Ein Gedicht
kann stoßen auf das was ist ganz dicht.
Die Wirklichkeit zerbricht.

∞

Gehen

Andere Realitäten

Wie ist das mit der Realität?
Ist's doch das was man erlebt.
Den eigenen Spiegel man erschafft,
Gottes Gruß - die Schöpferkraft.
Wenn Realitäten sich verbinden,
darf der eigene Spiegel nicht verschwinden.
einem Anderen folgen in seine Realität,
pass auf, sonst ist's zu spät.
Es einige Gefahren in sich birgt,
wenn des anderen Geiste einen bewirkt.
Um zu helfen muss man solche Wege gehen,
doch hierzu muss man sehen,
wie weit man gehen kann.
Um umzukehren - also dann
in die eigene Welt,
bevor man auseinander schellt.

∞

Aufgaben

Menschen kommen,
Menschen gehen.
Ihre Wesen sind benommen
manche könne sehen
alle ihre Aufgaben haben,
andere große Lasten tragen.

∞

Der Sinn

Wer glaubt, nach dem Sinn
suchen zu müssen,
der hat ihn nicht gefunden.
Erst wer akzeptiert,
die Suche zu beenden,
den wird der Sinn finden.

∞

Warten holen

Erwarten
er wartet
worauf warten
Erwartung
Wartung
Überholung
Erholung
er holt
was holen
erholen

∞

Sinnsuche

Sinnsuche
Besinnung
Findung
Besuche

∞

Das Bewusstsein

Bewusstsein
des Bewussten - Sein
Sein
sein Bewusstes,
bewusstes Sein
bewusst -
Sein

∞

Gehen

Bewusstwerdung

Bewusstsein
ein bewusstes Werden
oder Bewusstwerden,
der Weg zum Sein
werden sein,
Sein werden,
wird sein,
ist Sein bewusst?
Da passiert's,
Bewusstsein

∞

Himmel und Hölle

Der Weg zum Himmel
führt über die Hölle.
Das erkennen der Hölle,
führt in den Himmel.

Ist die Hölle erkannt,
sie sich ins Paradies verwand.
Hier angelangt
der Gegensatz verschwand.

∞

Gehen

Keine Kompromisse

Das Leben
ist nicht als Kompromiss
zu sehen.
Es bietet die wunderbare Chance
jederzeit zu wachsen,
auch über sich hinaus.
Jeder Moment,
jede Erfahrung
ist ein neuer Weg,
eine Möglichkeit,
die Chance zu erfahren.

∞

Erfahren

Mich zu erfahren,
heißt Gott zu erfahren.
Jede Erfahrung
ist eine Offenbarung.
Sie zeigt den Weg
und ist der Beleg.
Die Erfahrung,
als Läuterung
eine Wonne zu erfahren,
um mich zu offenbaren.

∞

Gehen

Panzer knacken

Hab meinen Panzer erkannt,
Gefahr gebannt.
Einmal mehr erlebt,
wenn die Seele erbebt.
Eingemauert stand ich da,
nicht gesehen - was geschah.

Angst davor verletzt zu werden.
Wieder öffnen werd ich mich,
um zu lieben Dich.
Um wieder zu empfinden,
musste ich entbinden.

∞

Rückkehr

Das Ganze
was alle Wesen
verband -
zurückzukehren
in den Verband
der Seelen.

∞

Gehen

Sehnsucht

Die Sehnsucht
Eins zu werden,
wieder ganz
zu sein,
zurückzukehren
in den Schoß
der Einheit,
aus der gefallen,
um zu gefallen,
der Gabe Wille
zu erfüllen
und erfahren
die Fülle,
die alles umschließt.

∞

Leben und Tod

Die Schleusen
geöffnet,
ein Sturm
sich ergießt
ins ausgedörrte
Land.
Zu bringen
Tod und Leben
aus einer Hand,
denn vor
dem Leben
steht der Tod.

∞

Gehen

Tiefe

Des Flusses Biegung
bringt die
Wässer
in den See,
nach der Enge
Weite,
Ruhe,
Tiefe,
kühles Blau
die Seele wärmt,
weiter Raum
aus dem das Leben tritt,
in dem es litt.

∞

Geliebtes Leben

Gespielin
der Leidenschaft,
die Süße
der Verletzlichkeit,
der bittersüße
Nachgeschmack
des Schmerzes
aus dem hervorgeht
des Phönix Phallus
und Erkenntnis,
das die Frucht
ist gezeugt
in stürmischer Nacht
zu bringen den Tag.

∞

Gehen

Umgebung

Zeit und Raum
sich hier verbinden,
niemand kann
sich entwinden
der Energie,
die diese Welt
umgibt,
als auch
durchdringt.
Sie ist getränkt
in der Essenz
der Leere,
die dennoch Fülle.
Dies die Hülle,
die umgibt den Kern
der Ewigkeit,
Unendlichkeit.

∞

Geburtstag

Wer schenkte
die Frucht,
die gezeugt
in Stille,
ausgetragen
durch der Zeiten
Strom,
wiedergeboren
und erkannt,
geliebte Seele
im Taumel
des Glücks.

∞

Gehen

Soldaten

Angetreten
in Reih
und Glied
darauf trainiert,
sich selber
zu erschießen,
zu verletzten
die Mutter
die sie gebar,
um zurückzukehren
zu dem Punkt,
der den Mörder sah.

∞

Liebe und Leben

Liebe
leben,
leben
Liebe,
Liebe
lieben,
Leben
lieben

∞

Gehen

Der Meister

Der Meister
lehrt Dich
zu gehen,
gehen jedoch
muss der Schüler.

Der Meister
lehrt
zu gehen,
gehen jedoch
muss
der Schüler selbst.

∞

Schüler und Meister

Es gibt
keine Verbundenheit
zwischen
Meister und Schüler.
Bindet sich
der Schüler
an den Meister
bleiben die Augen
verbunden.
Erkennt er
jedoch mit
verbundenen Augen,
das der Meister
und der Schüler
durch nichts getrennt sind,
so ist er auf dem Weg
zur Meisterschaft.

∞

Gehen

Nichts

Nichts bedingt Materie,
Materie ohne Nichts
ist nicht möglich.
Materie ist Nichts,
sowie Nichts Materie ist.

∞

Denken

Denken als Disziplin
des Dreidimensionalen.
Das Ego macht
es uns möglich
zu leben
auf der Erde,
somit zu
denkenden Wesen,
zu Denkern,
Nachdenkern,
jedoch die Denker
vergessen zu erfahren.
Erfahrungen
sind nicht denkbar,
auch nicht
in dieser Welt.

∞

Gehen

Alles

Alles kommt
von dort,
alles geht
dorthin zurück,
in jedem Moment
zu jeder Zeit
Ewigkeit.

∞

Wellen

Stiller See,
ruhiges Meer
Verbindung
Einigkeit
Unendlichkeit
der weite Raum
weiche Wellen
intensiv
und tief.

∞

Gehen

Ruhe

Ruhe
Frieden
stetes Glück,
Harmonie
sie kehrt zurück.
Herzenswärme
mich berührt
das Ende
einer Periode
kürt.

∞

Heitere Inspiration

Inspiration
gleicht einer Kommunikation
mit dem Unbekannten,
aber doch Verwandten.
Ohne zu begreifen,
reifen
die Früchte
dieser anderen Welt,
das Dasein erhellt
eine Macht
lacht.

∞

Gehen

Sehen

So vieles ist zu sehen,
weshalb alles verstehen?
Warum die Dinge kommen,
wieso sie wieder gehen?
Ist das unser Streben
oder sollen wir es leben?
Warum die Dinge kommen,
wieso sie wieder gehen?
So vieles ist am Reifen,
weshalb alles begreifen?
Warum die Dinge kommen,
wieso sie wieder gehen?
Weshalb verstehen,
denn ich kann sehen.

∞

Heimat

Gedichte einer Reise

Erkennen

Erkenntnis ist das Ende der Suche.
Der Moment, in dem man erkennt,
das man nie getrennt
von der Einheit des Geistes.

Erkenntnis ist der Moment,
in dem durchleuchtet wird
die trennende Mauer
von der Kraft des Geistes.

Erkenntnis ist der Moment,
in dem erleuchtet wird,
was nie verborgen war,
doch nahm man es nicht war.

Es liegt so nah,
ist es erst mal da.

Heimat

Nebel im Tal

Wie der Nebel manchmal verhüllt das Tal,
so verhüllt der Verstand manchmal den wahren Geist.
Aber wie das Tal, so ist der wahre Geist immer da.
Verzieht sich der Nebel aus dem Tal,
so sehen wir was er verbarg.
Der Nebel gehört also manchmal zur Sicht ins Tal,
genau so wie der Verstand
manchmal ein Teil des wahren Geistes ist.
Also warum suchen wir das Tal
und schimpfen auf den Nebel, der es verbirgt?
Haben wir doch erkannt,
das trotz des Verstandes,
der wahre Geist immer da ist.

∞

Gottes Schoß

Heimat dies Geschenk
uns direkt in Gottes Schoße lenkt.
Es ist so fern
und doch so nah.
Ein jeder würd es finden gern,
wohl dem, dem dies geschah.
Hab Vertrauen, dass Gott Dich lenkt,
durch dies Vertrauen er Dir eine Heimat schenkt.

∞

Mitgefühl

Mitgefühl ist ein Gefühl des Miteinander
zu teilen Freud und Leid
ganz ohne Neid.
Mitgefühl bringt zueinander,
darum sei bereit.
Zu teilen Weinen und Lachen
bis hin zum Erwachen
im gesegneten Schein.
Das Ziel der Erleuchtung,
sie lädt Dich dazu ein.

∞

Menschen

Des Menschen freudiger Ausdruck
anderen gegenüber gerne zeigt,
wer in den Tiefen seines Seins
gelangt ist zu der Erfahrung,
dass letztendlich alles geboren aus dem Eins.
Dieses wird zur Nahrung
bis ein jeder ist geneigt
zu gewinnen diesen Eindruck.

∞

Heimat

Gedanken

Die Macht der Gedanken,
sie kennt keine Schranken.
Sie überschreiten Zeit und Raum,
darum halt sie im Zaum.
Doch brauchst du nicht scheuen,
es gibt nichts zu bereuen.
So Du Dir und deinen Gedanken verzeihst,
der Urgrund Dir eine Richtung weißt.
Vertrau in die Macht,
doch gebe auch acht.
Wer dieses Wissen missbraucht,
der ist nicht erlaucht
zu erlangen das höchste Wissen,
nun geb es frei, dein schlechtes Gewissen.

∞

Heimat

Heimat, dieses Wortes Wohlklang
alle meine Sinne gleich erfasst.
Eine wohlige Wärme mich durchströmt.
Das kühle Land, wo ich geboren
mich immer wieder nach Hause ruft.

Des Meeresrauschen lieblicher Gesang,
die Jahreszeiten aufeinanderfolgen ohne Rast,
der Regen durch die Flüsse hin zum Meere strömt.
Ohne diese Heimat, in der Welt ich wär verloren.
Ein Platz der Ruhe, weht durch die Luft.

All meine Reisen wären ohne Belang,
da ich zuhause bin und ohne Hast,
im Schoße diese Sicherheit sie krönt,
das entdecken von längst vergessenen Toren.
Mancher Schlüssel von der anderen Seite der Erde ruft.

∞